Mirjam Müntefering
Jäger in der Nacht

Mirjam Müntefering

Jäger
in der Nacht

Mit Bildern von Ulrike Baier

Hase und Igel®

Für Lehrkräfte gibt es zu diesem Buch
ausführliches Begleitmaterial beim Hase und Igel Verlag.

© 2020 Hase und Igel Verlag GmbH, Frei-Otto-Straße 18,
80797 München, service@hase-und-igel.de
www.hase-und-igel.de
Lektorat: Mira Fischer
Satz: Appel Grafik München GmbH
Druck: Grafisches Centrum Cuno GmbH & Co. KG, Gewerbering West 27,
39240 Calbe (Saale), info@cunodruck.de

ISBN 978-3-86316-041-8
3. Auflage 2025

Gibt es Vampire wirklich nicht?

Endlich Sommerferien! Mia darf die ganze
Zeit bei Oma und Opa in ihrem Bauernhaus
weit draußen vor der Stadt verbringen.

Hier ist es einfach toll: Der Garten ist riesig,
mit Kletterbäumen und einem großen Teich,
der an den Nachbargarten angrenzt und
über den Libellen mit glitzernden Flügeln
schwirren. In Büschen, hinter Bäumen und
dem Gartenschuppen kann man richtig gut
Verstecken spielen – aber leider sind Oma

und Opa schon ein bisschen zu alt für „so
ein Gerenne", wie Oma immer sagt. Und
Mias fünf Jahre älterer Bruder Alexander
behauptet, dass er dafür zu erwachsen ist.
Er hockt lieber drinnen und liest Bücher über
Spukschlösser oder guckt Filme, die Mia viel
zu spannend findet.

„Weißt du eigentlich, dass es hier Fledermäuse gibt? Gestern Abend hab ich von
meinem Fenster aus welche im Garten gesehen. Ich wette, das sind echte Vampire",
sagt Alexander an ihrem zweiten Nachmittag
bei den Großeltern.

„Wenn man zu
mehreren ist, tarnen
sie sich als Fleder-
mäuse. Aber wehe, sie
erwischen dich allein! Dann
verwandeln sie sich in ihre
menschliche Gestalt und
stürzen sich auf dich, um dein
Blut auszusaugen!"

„Quatsch!", antwortet Mia tapfer. „Vampire wie Graf Dracula gibt es gar nicht wirklich." Warum muss ihr Bruder ihr nur immer solche Geschichten erzählen? Er weiß doch, wie schnell sie sich vor etwas fürchtet.

Alexander sieht sie ernst an und flüstert: „Du glaubst mir nicht? Na, wenn du dir da so sicher bist, wieso gehst du dann nicht mal bei Dunkelheit allein in den Garten? Zum Beispiel heute Abend? Oma und Opa sind beim Kegeln. Wir könnten eine Mutprobe abhalten."

„Nein danke! Deinen Unsinn mach ich nicht mit", sagt Mia.

Doch die Sache geht ihr den ganzen Tag nicht aus dem Kopf. In einer Hinsicht hat Alexander recht: Gestern Abend, als sie nach dem Grillen mit den Großeltern noch auf dem Hofplatz hinter dem Haus saßen, sind tatsächlich kleine Schatten über den langsam immer dunkler werdenden Himmel geschwirrt. Die meisten Vögel, das weiß

Mia, fliegen nicht mehr, wenn die Sonne erst einmal untergegangen ist. Aber Vampire sind doch nur eine gruselige Erfindung, oder? Bestimmt treibt Alexander wieder seine Scherze mit ihr. Mia ist zu stolz, um ihre Großeltern danach zu fragen.

Und so verabschieden sich die beiden abends von Mia und Alexander. „Wir sind spät zurück", sagt Oma, als sie zu Opa ins Auto steigt. „Können wir uns darauf verlassen, dass ihr rechtzeitig im Bett verschwindet und keinen Unsinn anstellt?"

„Ich pass auf Mia auf!", erklärt Alexander großspurig.

Mia will gerade trotzig erwidern, dass sie niemanden braucht, der auf sie aufpasst. Doch da sind Oma und Opa schon davongefahren.

Alexander dreht sich zu Mia um. „Ich weiß ja nicht, was du machst, aber ich guck gleich im Fernsehen einen echt coolen Gruselfilm!" Damit verschwindet er im Haus.

Mia bleibt noch in der Tür stehen und betrachtet den Himmel. Bald wird die Sonne untergehen. Und da fasst Mia einen Plan.

Angriff der Riesenfledermaus

„Alexander? Ich geh in mein Zimmer und lese im Bett noch ein bisschen!", ruft Mia durch den Türspalt ins Wohnzimmer. Sie sieht den Hinterkopf ihres Bruders, der kurz nickt. Flattert da nicht ein großes Wesen mit gewaltigen Flügeln und rot leuchtenden Augen über den Bildschirm? Mia schaut lieber nicht so genau hin.

In ihrem Zimmer wartet sie so lange, bis die Dämmerung heraufgezogen ist. Dann schleicht sie die Treppe wieder hinunter. Aus dem Wohnzimmer dringen unheimliche Musik und schrille Schreie einer Frau. Schon dadurch bekommt Mia eine Gänsehaut. Soll sie ihren Plan wirklich durchziehen?

Doch dann denkt sie an Alexanders großspurige Miene. Wäre ja gelacht, wenn sie sich von ihm Angst einjagen ließe!

Von der Kommode im Flur borgt sie sich Opas großes Fernglas. Ihre Taschenlampe hat sie auch dabei. Leise, ganz leise schiebt sie sich durch die Hintertür und tritt hinaus in den Garten. Nach ein paar Schritten bleibt sie stehen und hält die Luft an. War da nicht gerade ein Rascheln?

Nein. Nichts zu hören.

Mit klopfendem Herzen geht Mia vorwärts und blickt immer wieder hinauf in den Himmel.

Je weiter sie sich vom Haus entfernt, desto unwohler wird ihr. Opas Fernglas an den Augen sucht sie den Himmel ab, der noch nicht ganz dunkel ist. Aber damit kann sie nichts erkennen. Es ist eben für Vogelbeobachtungen bei Tageslicht gemacht.

Langsam setzt sie Fuß vor Fuß. Und da, hinten im Garten zwischen den Apfelbäumen, sind sie plötzlich: kleine Schatten, die sich vom Abendhimmel abheben oder schnell wie Pfeile über die hochgewachsene Wiese huschen.

Mia bleibt stehen und schaut dem Hin- und Her-gesause eine Weile  zu. Das sieht aus, als seien es einfach kleine Fledermäuse, die da fliegen. Sicher sind es keine Vampire, die Menschen bedrohen oder ihnen das Blut aussaugen.

 Trotzdem wagt Mia es nicht, die Taschenlampe einzuschalten. Alexanders Behauptung geistert in ihrem Kopf herum, dass diese

Wesen sich nur als harm-
lose Nachttiere tarnen.
Vielleicht haben sie
Mia hier auf ihrem Be-
obachtungsposten in der
dunklen Ecke neben dem
Gartenschuppen noch nicht bemerkt?

Über dem nahen Teich, der an das Nach-
bargrundstück grenzt, scheinen die kleinen
Schatten besonders rege unterwegs zu sein.
Aber ist dort nicht auch noch etwas anderes?
War da nicht gerade ein rotes Leuchten am
anderen Ende des Teiches?

Mias Herz schlägt
bis zum Hals. Doch sie
nimmt all ihren Mut
zusammen und
schleicht vorsichtig
am Ufer entlang.
Das will sie sich genauer
ansehen. Noch um diesen dichten Strauch
herum ...

Im nächsten Augenblick weiß sie kaum, wie ihr geschieht: Sie stößt mit etwas zusammen, etwas Großem, mindestens so groß wie sie selbst! Ein rotes Licht blendet sie. Das können nur die glühenden Augen eines Vampirs sein! Sie wird von einem schrecklichen Blutsauger angegriffen!

Vor Schreck lässt Mia die Taschenlampe fallen. Sie kneift die Augen zu, während sie wild um sich schlägt und so laut kreischt, wie sie kann.

Der Vampir packt sie, hält ihre um sich boxenden Hände fest.

Jetzt ist es um sie geschehen! Mia verstummt und wird vor Angst ganz starr.

Doch da sagt der Vampir: „Hey, keine Angst, ich tue dir ja nichts." Das ist nicht die Stimme von einem fiesen, gelbzahnigen Blutsauger.

Mia öffnet die Augen einen Spaltbreit und blinzelt überrascht. Vor ihr steht ein Junge. Er ist ein bisschen größer als sie.

„Hallo, ich bin Paul."

„Du bist ja gar kein Vampir!", rutscht es
Mia raus.

Paul guckt sie einen Moment verdutzt an.
Dann müssen sie beide lachen.

Kleine Jäger in der Nacht

„Du musst die Enkeltochter von den netten Bertrams sein", rät Paul.

„Stimmt. Und du bist der Junge, der dieses Frühjahr nebenan eingezogen ist", stellt Mia fest, denn von Paul haben Oma und Opa schon erzählt. „Also bist du kein Vampir – noch nicht einmal eine Fledermaus."

Paul grinst. „Nein, bin ich nicht. Aber ich hab ein sehr echt wirkendes Fledermaus-kostüm zu Hause, für Halloween. Ich bin nämlich ein Fledermausfan."

„Ein Fledermausfan?", hakt Mia erstaunt nach und schaut zum Teich, über den immer noch, ungerührt von ihrem Geschrei, die Tiere sausen. „Bist du deswegen so spät allein hier draußen?"

Paul hält seine Taschenlampe in die Höhe und lässt kurz ihr rotes Licht aufblitzen. Über das Glas ist eine rote Folie gespannt. „Stimmt genau. Fledermäuse beobachten ist mein Hobby. Von deinen Großeltern hab ich die Erlaubnis, das an eurem Teich zu tun. Ich bin schließlich Quartierbetreuer. Und was machst du so spät hier?"

„Ich wollte sie mir auch näher ansehen. Aber ..."

„Ja?"

„Ach, ich frage mich, ob nicht doch was dran ist an den Gruselgeschichten, die mein Bruder erzählt", gesteht Mia. „Du weißt schon, dass sie sich in Vampire verwandeln." Weil Paul so entspannt und mutig aussieht, schämt sich Mia plötzlich für ihre Angst.

Doch der Nachbarsjunge lacht nicht, sondern schüttelt den Kopf. „Dein Bruder will dich bloß erschrecken. Es gibt zwar Vampirfledermäuse, die zum Beispiel bei Kühen kleine Wunden beißen und dann ein bisschen von ihrem Blut auflecken – aber natürlich hat das nichts mit der erfundenen Geschichte über Graf Dracula zu tun, der Menschen aussaugt. Echte Vampirfledermäuse sind sehr klein und leben außerdem nur in Amerika. Hier in Deutschland ernähren sich die Fledermäuse hauptsächlich von Insekten. Man braucht also vor ihnen keine Angst zu haben.“

Obwohl Paul ein bisschen älter als Mia ist, behandelt er sie gar nicht von oben herab, wie Alexander es immer tut. Er freut sich über ihr Interesse an seinem größten Hobby. Nun erzählt er Mia, dass die Fleder-

mäuse, die sie hier beobachten
können, Wasserfledermäuse
sind. Das erkennt er an ihrer
Art, über den Teich zu fliegen:
Sie beschreiben dabei nämlich eine Acht,
was man im Schein des roten Lichtes seiner
Taschenlampe ganz gut erkennen kann.
Das eingefärbte Licht stört die Tiere nicht
und so jagen sie weiter die Fliegen, Falter
und Mücken, die über die Wasseroberfläche
schwirren.

„Ich hoffe immer, dass sie die Mücken
erwischen, die mich im Schlaf gestochen
haben", erzählt Paul grinsend. „Dann haben
sie wenigstens eine fette Mahlzeit und ich
eine kleine Rache für meine juckenden
Beulen."

Er hat ein Buch mit Fotos von etlichen Fledermausarten dabei und zeigt Mia im roten Licht die Unterschiede zwischen den fliegenden Säugetieren: Das Graue Langohr hat so große Ohren, dass die des Großen Abendseglers winzig dagegen wirken. Die Zwergfledermaus ist mit zusammengefalteten Flügeln klein wie eine Streichholzschachtel, aber das Große Mausohr erreicht eine Flügelspannweite von vierzig Zentimetern. Alle haben sie weich aussehendes Fell, mal braun, mal grau, mal heller, mal dunkler, und mit zarten Häuten bespannte Flügel.

„Ihr Skelett sieht dem von uns Menschen ja superähnlich!", staunt Mia bei einer Zeichnung. Wie ihre eigenen Knochen aufgebaut sind, haben sie neulich in der Schule durchgenommen. „Nur ihre Füße sind irgendwie falsch herum angeschraubt, oder?"

Paul nickt ihr zu. „Stimmt. Weil ihre Zehen gebogen sind, können sie sich an Bäumen oder Wänden problemlos festkrallen."

Paul findet all die vielen Fledermausarten niedlich und spannend. Jetzt, wo Mia weiß, dass von den kleinen Säugetieren keine Gefahr ausgeht, kann sie ihm nur zustimmen.

„Was ist eigentlich ein Quartier...äh...aufpasser?", will Mia schließlich von ihrem neuen Freund wissen.

„Quartierbetreuer. Als Quartierbetreuer unserer Naturschutzgruppe sorge ich dafür, dass die Fledermauskästen, die wir hier im Dorf und im Wald in den Bäumen aufgehängt haben, unbeschadet durchs Jahr kommen.

Ich gucke zum Beispiel, ob der Specht sich an ihnen zu schaffen gemacht hat", erklärt Paul. „Außerdem räume ich auf den Dachböden einiger Häuser den Fledermausdreck weg, damit die Hausbewohner die Untermieter weiterhin bei sich wohnen lassen."

„Igitt!" Mia schüttelt sich. Vor Kurzem ist sie auf der Straße in einen Hundehaufen getreten. Das war vielleicht eine Sauerei und hat schrecklich gestunken.

Aber Paul beruhigt sie: „Das kannst du nicht vergleichen. Die Hinterlassenschaften von Fledermäusen sind klein und krümelig und stinken längst nicht so wie zum Beispiel Mäusedreck. Schließlich haben sie außer dem Namen auch gar nichts mit Mäusen gemeinsam. Ich bringe den Eimer mit Fledermauskot immer auf unseren Kompost. Damit kann man gut den Garten düngen."

„Dann kann ja eigentlich niemand etwas dagegen haben, dass Fledermäuse bei ihm wohnen", meint Mia.

Paul wiegt den Kopf. „Eines von meinen Quartieren wird demnächst abgerissen: die alte Scheune eines Landwirts, in der gerade viele Fledermausweibchen vom Großen Mausohr ihre Wochenstube haben. Das bedeutet, sie ziehen da zusammen ihre Jungen auf."

„Oh nein!", entfährt es Mia. „Das kann der Bauer doch nicht machen!" Ihre Angst vor Fledermäusen ist vergessen. Sie hat in der letzten Stunde von Paul so viel über die Tiere erfahren. Nun empört es sie wirklich, dass jemand ihnen das Zuhause wegnehmen will.

„Keine Bange", sagt Paul. „Der Bauer darf die Scheune erst abreißen, nachdem die Weibchen mit ihren Kleinen dort ausgezogen und in die Winterquartiere umgesiedelt sind. So steht es im Naturschutzgesetz. Aber wenn der Bauer dann eine neue Scheune ohne

Einflugmöglichkeit baut, sieht es nächstes Jahr für diese Kolonie schlecht aus."

Mia überlegt laut: „Vielleicht weiß der Bauer gar nicht, wie wichtig Fledermäuse sind, weil sie zum Beispiel jede Menge schädliche Insekten fressen und so für eine bessere Ernte sorgen?!"

„Morgen Abend will ich mir diese Scheune mal ansehen", teilt Paul ihr mit. „Hast du Lust mitzukommen?"

Mia ist begeistert. Einen Fledermaus-Quartierbetreuer bei der Arbeit zu begleiten, ist bestimmt superspannend. Also ist es abgemacht.

Paul leiht seiner neuen Freundin gern das Fledermausbuch.

Mia schleicht sich ins Haus zurück. Ihr Bruder sitzt immer noch vor dem Fernseher und hat gar nicht bemerkt, dass sie fort war.

Der Kindergarten in der Scheune

Den nächsten Tag verbringt Mia vom Morgen bis zum frühen Abend im Garten. Dort liest sie in dem spannenden Buch über Fledermäuse und schaut sich immer wieder um. Denn in dem Buch ist nicht nur von den nützlichen kleinen Säugetieren die Rede, sondern auch davon, wie man seinen Garten fledermausfreundlich gestalten kann.

Oma mit ihren vielen Blumenrabatten und Opa mit seinen Obstbäumen und dem großen Teich haben ein echtes Fledermausparadies angelegt – und zwar, ohne es zu wissen. Hier tummeln sich nämlich unzählige Insekten, die den Jägern als Nahrung dienen.

Hilfreich ist auch, dass es im Garten ein paar wilde Ecken gibt. Und nicht zuletzt deckt Opa die Regentonnen immer ab. Ob er weiß, dass er damit die Flugkünstler vor dem Ertrinken bewahrt?

Mia, Alexander und die Großeltern sind gerade mit dem Abendessen fertig, da klopft es an die Hintertür. Es ist Paul, der Mia zu ihrem Ausflug zur Fledermausscheune abholen will.

Ihre Großeltern freuen sich, dass Mia in Paul gleich einen Freund gefunden hat, und lauschen ihren Plänen für den Abend.

Alexander schüttelt darüber den Kopf. „Ich sag euch, ihr werdet noch schlimm enden. Unter all den Flattertieren ist ganz bestimmt mindestens ein echter Vampir. Und der wird sich auf euch stürzen, wenn ihr da so allein auftaucht."

Opa ermahnt ihn: „Mach den beiden keine Angst, Alexander!"

Aber Paul grinst nur und zwinkert Mia, die auch kichern muss, heimlich zu.

„Ich hab euch gewarnt!", sagt Alexander mit düsterer Stimme und verschwindet nach oben in sein Zimmer.

„Ihr fasst doch die Tiere nicht an, oder?", erkundigt Oma sich ein bisschen besorgt. „Ich hab gehört, dass sie Tollwut haben können."

„Mach dir keine Sorgen, Oma Bertram", beruhigt Paul sie. „Fledermaustollwut ist ziemlich selten. Außerdem überträgt sie sich nur durch Bisse. Und da sollte man schon vorsichtig sein. Man darf sie nicht in die Enge treiben oder nach ihnen greifen – schließlich sind es Wildtiere und sie haben Angst vor Menschen."

„Deswegen würden wir ja nie mit der bloßen Hand eine Fledermaus fangen!", beteuert Mia. Weil sie das tolle Buch von vorne bis hinten durchgelesen hat, kommt sie sich inzwischen selbst wie eine kleine Fledermausexpertin vor.

Da haben die Großeltern nichts mehr gegen ihren Ausflug einzuwenden.

Mia und Paul schwingen sich auf ihre Fahrräder und radeln aus dem Dorf hinaus. Die alte Scheune ist bereits von Weitem im goldenen Abendlicht zu sehen.

„Warum mussten wir eigentlich bis zum Abend warten?", will Mia wissen. „Hat das was damit zu tun, dass Fledermäuse nachtaktiv sind, also den Tag verschlafen und erst abends munter werden?"

„Genau. Grundsätzlich ist es nicht erlaubt, die Wochenstuben der Weibchen zu stören", erklärt Paul. „Tagsüber verfallen sie in die sogenannte Tageslethargie, eine Art Starre. Wenn dann unter den Tieren eine Panik ausbricht, können sie sich nicht gut orientieren. Aber als Quartierbetreuer weiß ich natürlich, wie weit ich mich nähern darf. Mir ist erlaubt, ganz vorsichtig und leise nach dem Rechten zu sehen. Trotzdem ist es sicherer, das am Abend zu machen, wenn die erwachsenen Fledermäuse munter werden, um auf die Jagd zu gehen."

Jetzt ist Mia noch neugieriger. Ob sie die kleinen pelzigen Tiere oben im Gebälk der Scheune mit Opas Fernglas wohl richtig beobachten kann?

Die beiden Kinder lassen ihre Fahrräder am Rand des Feldwegs liegen. Paul nimmt seinen großen Rucksack mit.

Mia will ihn gerade fragen, was er alles darin hat. Doch da biegen sie um die Ecke und bleiben wie angewurzelt stehen.

Vor dem Scheunentor parkt ein Traktor. Seine Motorhaube ist offen und ein Mann schraubt an etwas herum. Er hat ihre Schritte auf dem Kies gehört und schaut auf. „Hoppla! Besuch? Was treibt euch denn her?", will der Bauer lächelnd wissen.

Paul reckt sich. „Guten Abend, Herr Sonnmann", sagt er höflich. „Ich bin Paul und das hier ist Mia. Ich bin Quartierbetreuer für die Fledermauskolonie in Ihrer Scheune."

Da verschwindet das freundliche Lächeln von Bauer Sonnmanns Gesicht und er blickt sie düster an. „So? Du bist also derjenige, der mir solchen Ärger macht, weil ich meine uralte Scheune durch eine neue ersetzen will?", brummt er.

Mia schaut ein wenig ängstlich zu Paul. Der wird zwar ein bisschen rot, bleibt jedoch ganz ruhig. „Es ist ja Ihr gutes Recht, eine neue Scheune zu bauen", antwortet er. „Aber dass Sie keine Einfluglöcher für die Fledermäuse lassen wollen, das finde ich unfair. Im nächsten Jahr wird es dann keine Wochenstube mehr geben, wo die Weibchen des Großen Mausohrs ihre Jungen aufziehen können. Das machen die schon seit Jahrzehnten hier. Das ist doch so, als würde man einen Kindergarten schließen."

„Die Fledermäuse verunreinigen mit ihrem Kot mein Heu", sagt der Bauer kopfschüttelnd. „Das hab ich lange genug geduldet."

Paul will schon etwas entgegnen, doch da sind plötzlich vom offenen Scheunentor her eilige Schritte zu hören. Ein Mädchen in Mias Alter erscheint und guckt kurz verwundert von einem zum anderen. Aber sie hat wohl keine Zeit, sich zu erkundigen, was hier los ist. Aufgeregt ruft sie: „Papa, komm mal schnell!

In der Scheune liegt eine winzig kleine Fledermaus auf dem Boden. Vielleicht ist sie verletzt."

Bauer Sonnmann seufzt tief. „Ach, Juli, dass du immer so was anschleppst. Der können wir doch nicht helfen."

Juli lässt die Schultern hängen und sieht sehr unglücklich aus. Dass ihr das Schicksal der verletzten Fledermaus nicht gleichgültig ist, gefällt Mia. Juli scheint in Ordnung zu sein, anders als ihr Vater.

„Darf ich mir das Tier mal ansehen? Ich hab einen Verdacht, was mit ihm sein könnte", meldet sich da Paul zu Wort.

Der Bauer sieht seine Tochter an und die schaut hoffnungsvoll zurück. „Na gut, gehen wir rein", sagt er.

Klickklick, das Fledermausbaby

Mia folgt Juli, Paul und Bauer Sonnmann
in die Scheune. Wieder spürt sie ihr Herz
klopfen. Aber diesmal nicht vor Angst wie
gestern Abend, sondern vor Spannung.
Kennt Paul sich wirklich so gut mit Fledermäusen aus, dass er einem verletzten Tier
helfen kann? Woher will er denn wissen,
was dem Großen Mausohr fehlt?

   Juli führt sie um die hoch gestapelten
Heuballen herum in die hintere Ecke der
Scheune. Und tatsächlich: Da liegt etwas
Kleines auf dem Boden. Es sieht aus wie die
Fledermäuse auf den Bildern in Pauls Buch,
aber es hat gar keinen
Pelz, sondern ist
ganz nackt.
Und seine
dunkle Haut
schimmert
leicht rosa.

Paul nähert sich dem Tier vorsichtig. Er betrachtet es genau und nickt dann. „Hab ich es mir doch gedacht." Paul wendet sich an die Gruppe, die mit etwas Abstand gespannt dort steht und auf seine Meinung wartet. „Es ist ein Jungtier mit geschlossenen Augen, das noch nicht fliegen kann. Das Kleine muss von da oben runtergefallen sein."

Alle sehen hinauf zu den Balken der alten Scheune.

„Oh nein!", jammert Juli leise. „Und das, wo wir hier so viele Katzen haben! Die werden es bestimmt töten! Papa, können wir es nicht mit deiner langen Leiter wieder rauf zu den anderen bringen?"

Ihr Vater schüttelt den Kopf. „So lang ist selbst unsere große Leiter nicht, Juli."

„Aber können wir dem Kleinen denn gar nicht helfen?" Juli hat Mitleid mit dem abgestürzten Fledermauskind.

Das Junge öffnet die Schnauze und es ist ein leises Geräusch zu hören.

„Da!", flüstert Juli. „Es hat Klickklick gemacht! Als ob es uns um Hilfe bitten würde.
Oh Papa, wollen wir es nicht aufziehen? Wie
letztes Jahr die junge Amsel? Wir könnten
es Klickklick nennen."

Ihr Vater seufzt. „Von Fledermäusen hab
ich gar keine Ahnung, Juli. Nein, wir müssen
den Dingen ihren Lauf lassen. So ist die Natur
nun mal, das weißt du doch."

Juli kämpft mit den Tränen.

Mia fragt sich, warum Paul noch immer
schweigt. Er kümmert sich gar nicht darum,
was die anderen sagen, sondern setzt seinen
Rucksack ab und beginnt, darin herumzu-
kramen. Zwischendurch legt er den Kopf in
den Nacken und blickt hinauf.

Mia zückt Opas Fern-
glas und schaut eben-
falls hoch ins Gebälk.
Da entdeckt sie, dass
das pelzige Knäuel,
das sie mit bloßem Auge

von hier unten sieht, aus
etlichen Fledermäusen
besteht. Schlafend
hängen sie kopfüber
am Holz festgekrallt, die
hautigen Flügel eng um

den Körper gelegt. Bei manchen kann sie
sogar die drolligen Gesichter mit den großen
Ohren erkennen. An viele der pelzigen Körper
dort oben klammern sich andere, kleinere
Tiere, die ebenso nackt und hilflos wirken
wie das Jungtier am Boden. Paul hatte recht:
Das sind lauter Fledermausmütter und ihre
Kleinen, ein echter Kindergarten.

„Ist irgendwo da oben auch die Mutter von
diesem Baby?", will Mia von Paul wissen.

Der zuckt mit den Schultern. „Wenn, dann
schläft sie gerade. Wir müssen das Junge
jedenfalls warm halten, weil es ohne die
anderen Fledermäuse und seine Mutter
schnell auskühlen kann. Wer weiß, wie lange
es schon hier liegt."

„Warm halten? Aber wie denn? Ich denke, wir dürfen es nicht anfassen", überlegt Mia.

Doch Paul lächelt sie beruhigend an. Er zieht mehrere Gegenstände aus dem Rucksack: zwei dicke Lederhandschuhe, einen aufklappbaren Karton und ein Handtuch – darin eingeschlagen ist eine Wärmflasche, in der es gluckert.

„Diese Sachen hab ich immer dabei, wenn ich das Quartier von Muttertieren und ihren Jungen kontrolliere", erklärt Paul ihnen. „Es kommt gar nicht mal so selten vor, dass ein Kleines abstürzt. Lässt man es am Boden liegen, krabbelt es vielleicht in eine Ecke. Mit der Zeit wird es zu schwach, um nach seiner Mutter zu rufen, und die kann es dann nicht wiederfinden. Als Erstes muss man es deswegen warm halten."

Paul faltet den Karton auseinander, in dem sich ein paar Luftlöcher befinden, und legt die Wärmflasche mit dem Handtuch hinein. Nachdem er sich die dicken Handschuhe übergestreift hat, hebt er sehr vorsichtig das Junge vom Boden auf. Es bewegt sich nur träge. Als Paul es in den Karton auf die Wärmflasche setzt, kuschelt es sich einfach in das Frotteetuch.

Paul hat noch eine Thermoskanne mit lauwarmem Wasser dabei. Mit einer Pipette versucht er, der kleinen Fledermaus etwas Wasser ins Schnäuzchen zu träufeln, doch viel nimmt sie nicht an.

Das Baby ist aber auch zu winzig. Mia kann den Gedanken kaum ertragen, dass es ganz allein ohne seine Mutter ist.

„Was hast du jetzt damit vor?", erkundigt sich Bauer Sonnmann. „Du kannst das Tier doch nicht selbst aufziehen."

„Das will ich auch nicht", antwortet Paul. „Aber dürfen wir noch bis nach der Abenddämmerung in der Scheune sein? Es gibt nämlich einen Trick, wie man Mutter und Kind wieder zusammenbringen kann."

Juli greift nach der Hand ihres Vaters und sieht ihn bittend an. „Oh bitte, Papa! Sag ja. Und darf ich mit Paul und Mia hierbleiben? Ich wüsste zu gern, was das für ein Trick ist!"

Der flehende Blick seiner Tochter erweicht den Bauern. Er nickt.

„Danke", sagt Paul höflich und wendet sich dann an Mia und Juli: „Könnt ihr das Baby bewachen? Ich muss von daheim ein paar Sachen holen, damit der Plan auch wirklich klappt."

Natürlich werden Mia und Juli das tun.

„Du wohnst im Dorf, oder? Was musst du denn herschaffen? Sind es große Sachen?", fragt Bauer Sonnmann brummig. „Ich könnte dich mit dem Traktor fahren. Dann bist du schneller wieder hier."

Paul sieht einigermaßen verdutzt aus über das freundliche Angebot. Mia nickt ihm zu und er antwortet: „Gerne, Herr Sonnmann."

„Na, los! Ich hab nicht viel Zeit", knurrt der.

Die Rettungsinsel

Nachdem Bauer Sonnmann und Paul auf dem Traktor weggefahren sind, setzen sich Mia und Juli links und rechts von dem Karton mit dem Fledermausbaby auf die Heuballen.

„Eigentlich ist Papa auch tierlieb, aber er ärgert sich immer über den Fledermaus-dreck im Heu", sagt Juli entschuldigend.

„Paul hat mir ein tolles Fledermausbuch gegeben", erzählt Mia ihr. „Darin steht zum Beispiel, dass man unter den Balken, an denen die Fledermäuse überwintern oder ihre Wochenstuben haben, sogenannte Kot-bretter anbringen kann. Dann fällt nichts mehr auf den Boden und man muss nur ein-mal im Jahr gründlich sauber machen. Ich wette, das würden sogar die Leute von der Naturschutzgruppe übernehmen."

„Echt?" Juli ist begeistert. „Das erzähl ich Papa nachher. Vielleicht überlegt er es sich anders und lässt die Fledermausweibchen

auch in der neuen Scheune ihre Jungen aufziehen ... Oh, guck mal! Da kommt Streunerchen." Juli hüpft von dem Heuballen und
geht zu einer gefleckten Katze, die gerade
zum Scheunentor hereinschlüpft.

„Du hattest also recht: Das ist wirklich
ein gefährlicher Ort für Fledermausbabys",
sagt Mia und sieht zu, wie Juli Streunerchen
streichelt.

Die Katze versucht, zu Mia zu klettern,
doch Juli macht ihr klar, dass sie das heute
nicht darf. „Bald schmusen wir wieder aus-
führlich, Streunerchen, aber jetzt müssen wir
auf das kleine Baby hier aufpassen."

Als vor der Scheune der Traktor zu hören ist, huscht die Katze schnell hinaus.

Paul und Bauer Sonnmann kommen herein. Der Junge trägt eine orangefarbene Plastikwanne.

„Sieht aus wie Omas Wäschewanne", bemerkt Mia.

„Genau das ist sie auch." Paul lacht. „Deine Oma war gerade im Garten, als wir vorbeikamen, und hat uns die Wanne ausgeliehen. Die anderen Sachen hab ich dann schnell noch von uns geholt."

In der Wanne liegt ein Haufen Stoff. Doch als Paul ihn herausholt, erkennt Mia, dass es sich dabei um eine mit Wasser gefüllte Flasche in einem Handtuch handelt und ... ja, das sind ein paar zusammengeknüllte dicke Socken.

Bauer Sonnmann ist offenbar schon unterrichtet über das, was Paul jetzt vorhat, denn er trägt zwei Heuballen unter den Platz, an dem die Fledermausweibchen hängen. Paul stellt die Plastikwanne darauf. Mia sieht ihm gespannt zu, wie er die Socken auseinanderrollt und einen davon fest über die Flasche zieht. Diesen Sockenturm stellt er in die Wanne, sodass die Flasche über den Rand hinausragt.

„Das hier ist eine Fledermauskind-Rettungs-insel", erklärt Paul seinen drei Zuhörern. „Ein heruntergefallenes Junges setzt man am besten auf so einen Sockenturm. Es kann sich mit seinen Daumenkrallen daran festhalten. Das Wasser in der Flasche ist

natürlich warm, damit es behaglich ist. Sollte
das Kleine runterfallen, landet es sicher in
der Schüssel. Es findet am glatten Rand
keinen Halt, kann aber an der Socke wieder
raufkrabbeln."

„Und da sieht die Mutter es dann sitzen
und holt es von der Rettungsinsel ab?", fragt
Juli hoffnungsvoll.

„Sehen wird sie es wohl kaum", meint
Bauer Sonnmann. „Man sagt doch: blind wie
eine Fledermaus."

„Das ist nur so ein Sprichwort, weil Fledermäuse nachtaktiv sind", stellt Mia richtig.

Dieser Bauer, der die nützlichen Tiere nicht länger in seiner Scheune dulden will, hat ja wirklich keine Ahnung. „Fledermäuse haben Augen und können damit auch sehen. Stimmt doch, Paul?"

Der nickt. „Das stimmt. Aber Klickklicks Mutter wird ihr Kleines wohl eher über seine Rufe finden. Sie erkennt seine Stimme unter allen anderen Jungtierstimmen heraus."

„Toll!", staunt Mia.

„Au ja! Setz Klickklick auf die Rettungsinsel!", bittet Juli.

Auch Mia kann es kaum erwarten, dass es nun doch noch ein gutes Ende für ihren kleinen Schützling geben soll.

Happy End für Klickklick

Paul trägt den Karton mit Klickklick hinüber zur Plastikwanne. Wieder streift er sich die dicken Handschuhe über und nimmt das Fledermauskind vorsichtig aus dem Karton. Ganz einfach ist es nicht, denn Klickklick findet es auf der Wärmflasche und dem Handtuch offenbar gemütlich und hält sich fest. Aber irgendwann ist es geschafft und das Jungtier sitzt oben auf dem Sockenturm.

Paul schaut zum Scheunentor. „Es wird gleich dunkel. Ungefähr eine halbe Stunde später wachen die Weibchen auf. Zuerst säugen sie ihre Jungen und danach fliegen sie aus. Dann werden wir sehen, ob Klick-klicks Mutter noch da oben ist."

Bauer Sonnmann schaut auf seine Armbanduhr. „Ihr solltet schon längst im Bett sein", stellt er ein bisschen brummig fest.

Seine Tochter schmiegt sich in seinen Arm. „Aber du bist ja bei uns, Papa. Mias

Oma und Pauls Eltern wissen auch Bescheid. Und bist du denn nicht neugierig, ob Klickklicks Mama ihr Kind wieder abholt?"

Das muss ihr Vater dann doch zugeben.

So warten die vier in der Scheune gespannt darauf, was passieren wird. Ein wenig abseits von den Heuballen, auf denen die Plastikwanne steht, sitzen sie ganz ruhig und beobachten alles ganz genau.

„Hast du nicht gesagt, dass Klickklick nach seiner Mama ruft?", erkundigt sich Juli irgendwann leise bei Paul. „Ich höre aber gar nichts."

Die Frage kann Mia auch beantworten: „Das ist, weil sie meist Ultraschalltöne von sich geben. Obwohl diese Töne irre laut sind, etwa so laut wie ein Presslufthammer, hören wir sie nicht. Denn sie sind viel zu hoch für unsere Ohren. Das Einzige, was wir gerade noch wahrnehmen können, sind diese leisen Klickgeräusche, mit denen sie sich verständigen."

„Weißt du noch, als wir im letzten Urlaub das U-Boot besichtigt haben? Du fandest es so spannend, wie diese Unterseeboote sich mit Echolot orientieren", erinnert Bauer Sonn-mann seine Tochter und sieht dann zu Paul. „Das tun Fledermäuse auch, oder?"

Paul muss lächeln, denn schon seit einer Weile kommt ihm der Scheunenbesitzer gar

nicht mehr so griesgrämig vor. „Stimmt. Sie senden Töne aus und erkennen an dem Echo, das die Bäume, Gebäude und ihre kleinen Beutetiere zurückwerfen, welche Hindernisse sie umfliegen müssen und wo Mücken und Nachtfalter sind."

Mia findet es zu schade, dass ihre eigenen Ohren einfach nicht dazu geeignet sind, die

Rufe der Fledermäuse zu hören. Das muss ja ein mächtiges Durcheinander und ein ganz schöner Lärm sein, wenn sie alle losfliegen.

Tatsächlich wird es langsam unruhig über ihren Köpfen.

„Jetzt müsste Klickklicks Mama auffallen, dass ihr Kind weg ist", flüstert Paul, während sie hinaufschauen.

Mia spürt, wie ihr Herz vor Aufregung schneller zu klopfen beginnt. Wird der coole Plan mit der Rettungsinsel aufgehen?

Auch das winzige Junge auf dem Sockenturm sitzt nicht mehr so still wie gerade noch. Es ist, als würde es spüren, dass gleich womöglich etwas Wichtiges geschieht.

Eine nach der anderen lösen sich die erwachsenen Fledermäuse oben aus dem Gebälk und schwirren so schnell wie Pfeile durch die Öffnungen unter dem Dach zur Scheune hinaus.

Ob Klickklick das auch mitbekommt? Unruhig klettert das Jungtier einmal rund um

den Flaschenhals. Leise Klickgeräusche
sind zu hören.

Paul sitzt vor Anspannung ganz starr. Juli
klammert sich an die Hand ihres Vaters. Und
Mia hält die Luft an.

Da passiert es! Eine Fledermaus, die unter
den Balken mehrmals im Kreis gesaust ist,
stößt plötzlich herab.

Sie landet direkt neben Klickklick an der
Flasche, an der sie sich geschickt festhält.
Das Kleine erkennt
seine Mutter und
klammert sich
blitzschnell an
sie. Und schon im
nächsten Augen-

blick erhebt sich das Weibchen wieder, ihr
Junges eng an sich geschmiegt, und flattert
zurück in die Balken.

Einen kleinen Augenblick lang kann Mia
sehen, wo Klickklick und seine Mama nun
sitzen. Bestimmt darf das Fledermauskind

jetzt erst mal seinen Hunger stillen und bei seiner Mutter nahrhafte Milch trinken.

Doch dann schiebt sich ein anderes Tier in Mias Blickfeld. Und noch eines. Und im Nullkommanichts kann Mia nicht mehr erkennen, welche der Fledermäuse dort oben Klickklick und seine Mutter sind.

„Es hat geklappt!", jubelt Juli leise und drückt ihrem Vater einen Kuss auf die Wange. „Danke, dass du uns geholfen hast, Papa!"

„Ich hab ja nichts gemacht. Klickklick hat sein Happy End wohl Paul und Mia zu verdanken – denn sie haben hier schließlich nach dem Rechten gesehen", sagt Bauer Sonnmann und klopft den beiden auf die Schulter.

Mia ist stolz, dass auch sie gelobt worden ist – und das von dem Bauer, der doch vor kurzer Zeit noch gar nichts von Fledermäusen zu halten schien.

Leise schleicht die Beobachtergruppe hinaus.

Juli ist vollkommen begeistert, dass die kleinen Wunderwesen in *ihrer* Scheune leben!

„Wenn du willst, kannst du die nächsten Tage mit Mia und mir zusammen ein paar andere Quartiere besuchen", schlägt Paul ihr vor.

„Au ja! Vielleicht erleben wir dann noch ein Fledermausabenteuer!", freut sich Juli.

Als Mia und Paul sich auf ihre Räder schwingen, winkt Juli ihnen nach. Ihr Vater steht neben ihr und sieht nachdenklich aus.

Der Fledermausheld

Die Ferien gehen ins Land. Inzwischen sind Mia, Paul und Juli ein festes Gespann. Zu dritt begutachten sie die Fledermauskästen im nahen Wald und die Sommer- und Winterquartiere in den Häusern im Dorf. Die drei kennen schon etliche Nachbarn, bei denen sie demnächst auf dem Dachboden die Hinterlassenschaften der Fledermäuse aufräumen werden.

Gemeinsam gehen sie auch auf die Versammlung der Naturschutzgruppe. Als Alexander das hört, spottet er: „Passt bloß auf bei eurem Vampirklub! Das sind bestimmt Blutsauger, die sich auf ihr Abendbrot freuen."

Paul grinst einfach. Aber Mia ärgert sich, dass ihr Bruder ihr spannendes neues Hobby immer verspottet.

Zum Vereinsheim der Naturfreunde bringt Juli ihren Vater mit. Die Erwachsenen halten ein wenig Abstand zu ihm, denn schließlich ist sein Plan mit der neuen Scheune im ganzen Dorf bekannt.

„Nun, Bauer Sonnmann, Sie wollen der Gruppe etwas verkünden?", fragt der Vorsitzende des Vereins, als alle auf ihren Plätzen sitzen.

Mia beobachtet, wie Bauer Sonnmann einen Blick mit seiner Tochter wechselt. Juli nickt ihm eifrig zu.

„Tja, ich wollte nur berichten, dass ich inzwischen viel mehr weiß über Fledermäuse und deswegen ...", beginnt Herr Sonnmann.

Aber Juli fällt ihm ins Wort: „Ich hab Papa erzählt, wie wichtig Fledermäuse bei der Bekämpfung von unerwünschten Insekten sind. Das ist auch für seine Felder gut. Und Mia und Paul haben ihm Bilder gezeigt, wie man das frische Heu vor dem Fledermausdreck schützen kann. Und deswegen ... Papa?"

„Na ja, deswegen hab ich beschlossen, dass auch die neue Scheune für die Wochenstube der Weibchen des Großen Mausohrs zur Verfügung stehen soll."

Ein gewaltiger Jubel bricht im Vereinsheim los. Alle springen auf und wollen Bauer Sonnmann die Hand schütteln.

„Wenn das so ist, helfen wir natürlich gerne beim Anbringen der Schutzbretter", erklärt der Vereinsvorsitzende. „Naturfreunde halten eben zusammen!"

Da strahlt auch Bauer Sonnmann.

„Jetzt fehlt eigentlich nur noch eins", flüstert Mia ihren beiden Freunden zu.

Die gucken sie verwundert an.

„Ich finde, Alexander sollte endlich mal am eigenen Leib erfahren, wie es ist, wenn man von einer Riesenfledermaus angegriffen wird. Oma und Opa sind heute wieder bei ihrem Kegelabend. Mein lieber Bruder ist also ganz allein zu Hause ...“

Die drei stecken die Köpfe zusammen und haben bald einen genialen Plan ausgeheckt.

Die Rache der Riesenfledermaus

Zuerst machen Mia, Juli und Paul einen Besuch in Pauls Zimmer. Paul schlüpft in das Fledermauskostüm, von dem er Mia schon erzählt hat. Gemeinsam schleichen die drei dann durch den Garten hinüber zum Haus von Mias Großeltern.

Alexander sitzt natürlich vor dem Fernseher. Sie können ihn durchs Fenster sehen. Wahrscheinlich guckt er wieder einen Gruselfilm, denn er ist blass und umklammert ein Kissen, während er den Blick nicht vom Bildschirm wenden kann.

Lautlos bewegen sich die Freunde zur Hintertür, die nie abgeschlossen ist. Ganz leise schlüpfen sie hinein. Paul versteckt sich in einer dunklen Ecke vor der Vorratskammer. Seine Taschenlampe mit der roten Folie knipst er an und beleuchtet sich selbst von unten. Das wirkt sehr gespenstisch. Juli unterdrückt ein Kichern.

Und dann nicken Mia und Juli sich zu und rennen laut kreischend durch die Küche und den Flur hinüber ins Wohnzimmer.

„Alexander! Hilfe!", schreit Mia mit hoher Stimme. „Wir werden verfolgt!"

„Eine Vampirfledermaus! Eine Riesen-fledermaus!", lärmt Juli.

Zuerst sieht Alexander ganz durcheinander aus und macht gar nichts. Aber weil seine kleine Schwester und deren Freundin sich nicht beruhigen wollen, steht er seufzend auf. „Ich guck mal, wovor ihr euch gruselt", brummt er.

Doch Mia merkt ihm an, dass er längst nicht so cool ist, wie er tut. „Sei vorsichtig!", ruft sie ihm nach und muss sich ein Lachen verkneifen. „Der Vampir will dich bestimmt anfallen!"

„So ein Blödsinn", hört sie ihren Bruder noch knurren. „Von welchem Vampir ...?" Daraufhin ertönt ein markerschütternder Schrei.

Mia und Juli rennen wieder zurück zum Hintereingang. Dort flattert etwas Großes, Schwarzes um Alexander herum. Der hebt abwehrend die Hände über den Kopf und drückt sich an die Wand. „Hilfe! Ein Vampir!", brüllt er.

Wie Paul zu diesem Geschrei um sein Opfer herumflattert, sieht so lustig aus, dass Mia und Juli in schallendes Gelächter ausbrechen.

Alexander lässt die Hände langsam sinken und verstummt. Mit vor Schreck geweiteten Augen schaut er seine Schwester und deren Freundin an. Dann betrachtet er auch die Riesen-

fledermaus etwas genauer. „Moment mal", knurrt er und greift nach einem der wild schlagenden Flügel.

Da zieht Paul sich die Maske vom Gesicht und ruft: „Du bist auf deine eigene Gruselgeschichte reingefallen!"

Einen Augenblick lang sieht Alexander aus, als wollte er ziemlich böse werden. Doch dann muss auch er lachen. „Ihr seid mir selbst so ein paar Fledermäuse!", sagt er grinsend.

Mia knufft ihn in die Seite. „Weißt du, was?
Von jetzt an sehe ich das als Kompliment!"